AF243043

MÉMOIRE

A CONSULTER

SUR LA

CRÉATION DES ÉVÊCHÉS

D'ORAN ET DE CONSTANTINE.

———

ALGER

TYPOGRAPHIE ET LITHOGRAPHIE BASTIDE

PLACE DU GOUVERNEMENT.

—

1862

MÉMOIRE

A CONSULTER

SUR LA

CRÉATION DES ÉVÊCHÉS

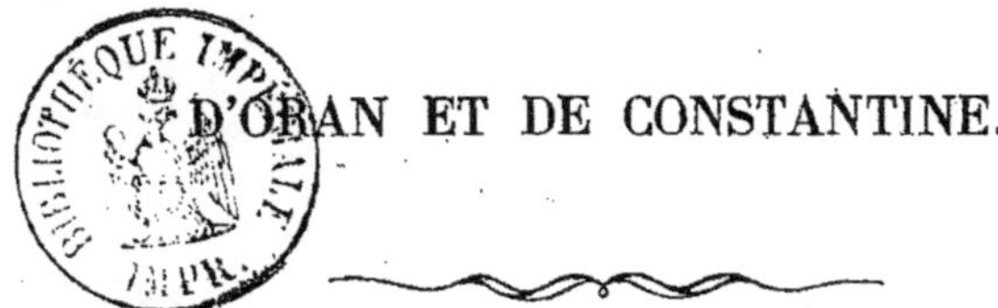

D'ORAN ET DE CONSTANTINE.

L'idée de créer un évêché, dans chaque province de l'Algérie, n'est pas nouvelle, et ce ne sont pas uniquement les provinces de Constantine et d'Oran, c'est l'Algérie, la France, l'Europe catholique, l'épiscopat et le Saint-Père surtout, nous le savons, qui s'en préoccupent. Il serait même injuste de supposer que le gouvernement de l'Empereur soit resté jusqu'à ce jour étranger à la pensée de doter la Colonie d'institutions si nécessaires à son développement religieux. Au moment où il va donner, par une Constitution définitive, une légitime satisfaction à nos intérêts temporels n'est-il pas permis d'espérer qu'il voudra songer à donner une égale satisfaction à nos intérêts spirituels, par l'érection des siéges de Constantine et d'Oran?

1862

Nous ne croyons pas nécessaire d'exposer la discipline générale de l'Église sur ce point essentiel de la hiérarchie catholique et de son administration religieuse. La règle primitive, tracée par les paroles de l'Apôtre St-Paul, voulait un évêque dans chaque ville importante (1). La fidélité à cette règle, loin de se démentir, pendant les premiers siècles chrétiens, alla même au-delà du précepte apostolique, et un concile dut interdire l'élection des évêques pour de simples bourgades où l'on n'avait besoin que d'un seul prêtre (2).

La seule Église d'Afrique en compta plus de quinze cents (3). Il est vrai qu'elle comprenait alors les provinces de Tripoli, de Carthage et les trois Mauritanies, c'est-à-dire le Maroc, l'Algérie, la régence de Tunis et celle de Tripoli ; mais il faut également observer qu'il y en avait plus de deux cent soixante pour le seul territoire qui porte aujourd'hui le nom d'Algérie (4).

La prodigieuse diminution des siéges épiscopaux dans les temps modernes n'est pas le fruit spontané de l'Église et du Saint-Siége. Il est aisé d'en voir la preuve dans la multitude des évêchés qui couvrent les États Romains. Les pays éminemment catholiques, comme

(1) Tit. 1, 5.
(2) Concile de Sardique, en 347.
(3) Voir Morcelli et Ruinart, de *Persecutione Vandalicâ*.
(4) Si l'on voulait appliquer à l'Algérie la discipline ecclésiastique de l'ancienne Afrique, il faudrait ériger des siéges épiscopaux à peu près dans toutes les localités suivantes : Alger, Bouffarich, Blidah, Médéah, Laghouat, Milianah, Cherchell, Orléansville, Ténez, Mostaganem, Arzeu, Oran, St-Denis-du-Sig, Mascara, Sidi-bel-Abbès, Tlemcen, Nemours, Dellys, Aumale, Bougie, Sétif, Philippeville, Constantine, Bône, Guelma, La Calle, Djijelli, Souk-Haras, Jemmapes, Marengo, St-Cloud, etc., c'est-à-dire une trentaine d'évêchés.

les royaumes de Naples et d'Espagne, comme l'Italie, sans en excepter le Piémont lui-même, (nous parlons du Piémont d'hier et non du Piémont d'aujourd'hui,) ont eu constamment à cœur de maintenir en grand nombre ce qu'on appelle quelquefois avec un mépris inconsidéré *les petits évêchés*. Avant la révolution française, il y avait en France 135 évêchés ; aujourd'hui, en y comprenant les trois évêchés de la Savoie, ceux de Nice, d'Alger, de la Réunion, de la Martinique et de la Guadeloupe, leur nombre est de 90.

Un calcul d'économie a seul présidé à cette réduction, que, plus d'une fois, les divers Gouvernements de la France ont essayé de rendre moins étroite, en créant des siéges qui n'avaient pas été reconnus par le Concordat de 1802. Toutes les fois qu'un gouvernement proposera au Saint-Siége d'ériger, à des conditions convenables, un nouveau siége épiscopal, on peut compter sur sa prompte adhésion ; car, on rentre évidemment dans son esprit (1).

Placer l'évêque au milieu de la famille sacerdotale pour la diriger, au milieu de ses intérêts de zèle pour les féconder, de ses entraînements pour les modérer, de ses découragements pour les relever, de ses services pour les apprécier, de ses abus mêmes pour les extirper à leur naissance ; placer l'évêque aussi près que possible des fidèles pour qu'il puisse leur administrer régulièrement la parole sainte et les sacrements qui relèvent exclusivement du droit épiscopal, connaître les nécessités religieuses des populations, faciliter les créa-

____

(1) C'est une règle générale d'attendre le décès d'un évêque pour partager son diocèse, à moins qu'il n'y consente.

tions indispensables, préparer, en leur germe, les vocations au sacerdoce, prévenir ou réparer immédiatement les scandales, encourager les bons et imprimer aux méchants le respect ; placer l'évêque en regard des infidèles, pour leur imposer par le double prestige de l'autorité de la vertu et par le spectacle du dévouement et de la charité, précurseurs et préparateurs ingénieux de l'apostolat, une haute estime pour le christianisme ; placer enfin l'évêque en regard des autorités séculières pour qu'il vive en harmonie plus intime avec elles et fasse prospérer, en même temps, par cette mutuelle influence, la religion et l'ordre, et qu'il procure une plus grande facilité pour toute sorte de biens, telle a toujours été l'intention générale de l'Église et celle de l'Etat. Et lorsqu'à tous ces motifs vient s'en joindre un vraiment incomparable, celui de ressusciter une Église célèbre et de ranimer ses foyers de lumière et de vie, éteints depuis des siècles, pourrait-on mettre en doute le vif désir de l'Église et la bienveillance empressée d'un Empire, appelé justement *très-chrétien*?

S'il y a donc des motifs sérieux d'établir en Algérie deux nouveaux siéges épiscopaux, et, s'il ne s'élève contre ce projet aucune objection qu'on ne puisse combattre par des faits évidents et renverser ou du moins fortement atténuer par des mesures, déjà employées en d'autres circonstances, n'a-t-on pas raison d'en espérer le succès ?

Or deux graves raisons appellent la création des nouveaux évêchés : l'étendue du territoire soumis actuellement à la juridiction de l'évêque d'Alger et la distinction des trois provinces d'Alger, de Constantine et d'Oran ; et ces motifs sont péremptoires. Deux objections s'élèvent contre le projet, le petit nombre de la population catholique et la gravité de la dépense ; ces objections ne sont ni invincibles, ni même sérieusement fondées.

L'Algérie occupe un espace plus considérable que les deux tiers de la France. Le littoral est de 1095 kilomètres, l'intérieur s'ouvre à des profondeurs inégales. Un grand nombre de villages sont établis à cent, deux cents kilomètres du chef-lieu de la province et quelques-uns même à trois cents, quatre cents kilomètres. Alger, placé à peu près au centre du littoral, est à 410 kilomètres d'Oran et à 422 de Constantine. 832 kilomètres séparent donc ces deux dernières villes, autour et derrière lesquelles s'échelonnent jusqu'aux extrémités de la Colonie, des paroisses légalement constituées. Ainsi, l'évêque peut se trouver à 1,200 et 1,400 kilomètres de certaines localités où ses ordres et quelquefois sa présence seraient indispensables. Plusieurs fois, Mgr Pavy s'est rencontré dans cette douloureuse situation. En pareil cas, le télégraphe, là même où il fonctionne, sert peu, et la rareté des courriers que, du reste, il est souvent très-difficile d'atteindre à jour et heure fixes, sans parler de l'impossibilité de l'embarquement dans certains ports, ne fait que redoubler l'embarras de l'évêque. Mais ce sont là des exceptions sur lesquelles nous ne voulons pas trop insister.

Nous ne parlons pas non plus de la fatigue corporelle des longues tournées pastorales, sur une mer souvent orageuse, ou à travers des chemins, la plupart du temps impraticables. Nous ne relèverons pas même le nombre des affaires courantes de l'administration, dans un pays où tout est à créer ; car, avec le zèle, l'activité du caractère et une sollicitude de tous les instants, il n'a pas été impossible d'y suffire. Sans doute, lorsque le poids du labeur et des années forcera Mgr Pavy d'interrompre ce rude ministère, on pourra le confier à un homme plus actif et plus fort que ne le sera le vénérable Prélat, à cette heure, dont un travail sans relâche le rapproche prématurément ; la tâche, pour être complètement remplie, n'en restera pas moins au-dessus des forces d'un seul homme.

Mais voici de plus graves inconvénients résultant pour la religion de l'énormité des distances en Algérie.

La surveillance à exercer sur le clergé et sur les maisons religieuses, dans toute l'étendue du territoire algérien, y est forcément très incomplète, et l'autorité ecclésiastique y est, la plupart du temps, désarmée par la lenteur et souvent par le défaut de précision ou même par l'inexactitude des renseignements qu'elle reçoit, sans pouvoir les contrôler.

Les instructions à donner aux prêtres, en des cas urgents, leur parviennent, au lointain, alors qu'elles sont devenues inutiles.

Les tournées pastorales, si nécessaires dans un pays où peuple et clergé se composent d'éléments hétérogènes, ne peuvent se faire ni régulièrement, ni d'une manière assez sérieuse, parce que le temps manque pour voir les choses à fond. Il est d'ailleurs, presque chaque année, telle paroisse qui se fonde après la tournée de l'évêque dans une province, et qu'il ne peut visiter que plusieurs années ensuite. Quelquefois même une circonstance imprévue arrêtant brusquement sa course, course à vol d'oiseau ! il ne peut répondre aux vœux empressés des populations qui l'appellent. Ainsi, Mgr Pavy n'a pas encore visité Tiaret, dans la province d'Oran, parce qu'au moment de l'expédition du Maroc, il a été impossible de lui fournir des chevaux. Ainsi, n'a-t-il visité qu'une seule fois Laghouat, Biskra, Bordj-Bou-Aréridj, etc., et deux fois seulement les églises importantes de Tlemcen, de Sétif, de Mascara etc. Evidemment le bien religieux de la Colonie exigerait des visites plus fréquentes ; les distances, les occupations et les forces de Mgr Pavy ne lui ont pas permis davantage. — Il lui faudrait à peu près toute l'année pour visiter entièrement son diocèse.

Les prêtres souffrent autant que l'évêque de cet éloignement forcé.

Les retraites ecclésiastiques, qui sont un devoir de premier ordre et, dans l'Algérie, de la plus impérieuse nécessité, ne se pratiquent pourtant que tous les deux ou trois ans, soit parce qu'elles sont fort coûteuses pour le prêtre, soit parce qu'elles suspendent, pendant un temps considérable, l'action du ministère paroissial. Elles ne sont jamais aussi nombreuses qu'elles devraient l'être, parce qu'il est impossible de dégarnir les provinces, pour appeler de si loin beaucoup de desservants et de vicaires à Alger, pendant trois semaines ou un mois, y compris l'aller et le retour.

Enfin, l'isolement où se trouve le clergé dans les deux tiers des postes, amène une conséquence déplorable, et que nous n'hésitons pas à signaler, c'est la rentrée dans le pays natal de beaucoup de prêtres, après quelques années de service, passées en Algérie. Le clergé, quoique recruté pour la majeure partie, dans les diverses contrées de l'Europe, est, de l'aveu de tous, bon, régulier, prudent et zélé ; mais il a besoin de perpétuels encouragements, de consolations, de conseils incessants et quelquefois d'une protection, qui se fasse immédiatement sentir, en regard de populations encore peu accoutumées à dédommager le prêtre des sacrifices qu'il a faits, pour venir se fixer au milieu d'elles. Le manque d'églises et de presbytères convenables, l'absence, en certains endroits, d'institutions religieuses pour l'éducation de la jeunesse, la froideur et l'insouciance des fidèles, les maladies fréquentes, la séparation d'avec tout confrère, les ressouvenirs de la patrie et de la famille ajoutent à l'isolement une puissance funeste. La proximité du siége épiscopal effacerait promptement, du moins chez la plupart, ces impressions d'autant plus fâcheuses que de nombreux exemples d'abandon les confirment et semblent les légitimer ; l'éloignement forcé de l'évêque les livre à toute leur faiblesse, et voilà comment les jeunes prêtres surtout ont une si grande peine à y résister ; voilà comment se renouvelle sans cesse, en Algérie, une portion du clergé, qui en était au début l'espérance et la fleur. Fait douloureux, qu'il faut attribuer principalement à l'énormité des distances ; car, il ne se produit jamais ou presque jamais, dans la province d'Alger.

Les chemins de fer, a-t-on dit quelquefois, abrègeront beaucoup ces distances. On ne peut le nier, en ce qui concerne les deux chefs-lieux des provinces, qui n'en resteront pas moins à la même distance d'Alger, que

Lyon et Grenoble le sont de Paris ; mais les chemins de fer
visiteront-ils jamais Boghar et Laghouat, Teniet-el-haâd
et Tiaret, Aïn-Beida et Tebessa, Biskhra et Bordj-Bou-
Aréridj, Ghar-Rouban et Djemma-Gazaouat ? C'est-à-dire
qu'il faudra toujours aller les chercher au-delà de 200,
de 300 et de 400 kilomètres du chef-lieu de leur province.
Les chemins de fer n'ont rien changé, en France, au
nombre des évêchés ; on en a même fait ériger de nouveaux ; pourquoi viendraient-ils se poser, en Algérie,
comme un obstacle à la réalisation d'une pensée justifiée
par de si graves motifs ?

Nous avons trouvé le premier dans l'étendue de notre
territoire algérien ; le second ressort de la distinction
des provinces.

Les trois provinces algériennes, sans être divisées, sont
nettement distinctes. Elles ont leur individualité propre,
leur budget, leur conseil-général qui l'applique, et leur
administration régulière. Tout y a été institué, au point
de la hiérarchie, pour représenter grandement le Pouvoir
suprême. A Alger, un illustre Maréchal de France, un
Général de division, Sous-Gouverneur, un Directeur-
général. un Général commandant la division militaire,
un premier Président, nous rappellent les plus hautes
dignités de la France. A Oran et à Constantine, les autorités provinciales sont : Un Général de division, au-
dessous duquel des Généraux de brigade, des Colonels,
etc., exercent le commandement supérieur, et un Préfet,
ayant au-dessous de lui des Sous-Préfets et des Com-
missaires civils. L'autorité spirituelle est représentée
dans toute l'Algérie par un seul Évêque, et, dans les
deux provinces d'Oran et de Constantine, elle s'exerce

II
Distinction
des
trois provinces.

par un Vicaire-Général. Ne pensera-t-on pas qu'il y a quelque chose à faire dans l'intérêt de ces provinces, pour les relever, sous le point de vue ecclésiastique, d'une infériorité trop marquée? En France, sauf quatre ou cinq exceptions, fondées sur une tradition immémoriale, on compte, malgré la proximité des siéges, un évêque par département; en Algérie, dans les trois départements, et malgré la longueur des distances, nous le répétons, il n'y a qu'un seul Évêque. Ne serait-ce pas ici le cas d'appliquer le principe d'assimilation? Les départements d'Oran et de Constantine, déjà complétés militairement et civilement, n'ont rien à envier sur ce point à aucun département de la France; la Religion seule attend. Osons penser qu'elle n'attendra pas long- temps.

Dans sa session de 1860, le Conseil-Général d'Oran avait fait valoir ce motif, pour appuyer son vote en faveur de l'évêché de cette province. Si ce vote n'a pas été renouvelé, si le Conseil-Général de Constantine n'a pas émis le sien, c'est pour céder à une haute influence, qui s'exerçait uniquement en vue d'économies à faire au début d'une institution qui avait tant d'œuvres à créer et tant de vides à combler.

Du reste, à Oran, comme à Constantine, le vœu des populations ne saurait être mis en doute; et, dans une affaire qui les touche de si près, il pèsera, nous en sommes sûr, de quelque poids, aux yeux de l'Empereur.

En résumé, la création des évêchés d'Oran et de Constantine paraît impérieusement commandée par l'étendue si considérable du territoire algérien, et la constitution définitive des trois départements la réclame.

Deux objections, nous l'avons dit, se dressent contre

le projet : le chiffre de la population et celui de la dépense : essayons d'y répondre.

D'après le dernier recensement, l'Algérie compte
2,793,728 indigènes, 192,746 habitants français ou européens, 54,677 soldats, 28,097 israélites et 13,142 de
population en bloc.

La province d'Alger possède à elle seule :

Européens.	83,707
Armée : hommes.	17,951
Indigènes musulmans.	914,184
Israélites.	9,199
Population en bloc.	6,676
Total.	1,031,717
La province d'Oran a, Européens.	61,264
Armée : hommes.	19,690
Indigènes musulmans.	592,923
Israélites.	11,551
Population en bloc.	4,959
Total.	690,307
La province de Constantine se compose	
de : Européens.	47,775
Armée : hommes.	17,036
Indigènes musulmans.	1,286,629
Israélites.	7,347
Population en bloc.	1,507
Total.	1,360,294

A-t-on besoin de dire que l'armée, quoique mobile
dans le fait, étant, en principe, à l'état permanent, en
Algérie, et y remplissant comme les autres fidèles, ses

III
Population
de l'Algérie et des
futurs diocéses.

devoirs religieux, doit figurer dans le cadre numérique du diocèse ? Ceci n'est point contesté.

Mais, nous n'hésitons pas, malgré le préjugé contraire, à mettre au nombre des diocésains de Mgr Pavy les Musulmans. Un évêque pourrait-il, sans lâcheté, abandonner ou dissimuler cette part importante de sa mission, et un Gouvernement chrétien voudrait-il la lui dénier ? On sait tout ce qu'il faut de réserve et de lente sagesse pour aborder directement l'apostolat auprès des Indigènes. On n'ignore pas tout ce que Monseigneur y a mis de prudence : il s'en inquiète plus, dit-on, qu'on ne l'en félicite. Mais, puisque l'Evangile ordonne aux Apôtres et à leurs successeurs de prêcher le Christianisme à *toutes les Nations* et à *toute Créature*, un évêque abdiquerait son caractère, et l'État souffrira qu'on le lui dise : un Pouvoir ne comprendrait pas assez l'étendue de sa mission providentielle, si, de concert, ils établissaient en principe que les Infidèles doivent être considérés comme totalement et perpétuellement étrangers aux influences de l'épiscopat, vivant, administrant et prêchant au milieu d'eux. Les Musulmans et les dissidents d'un autre genre font donc partie d'un diocèse, sinon au même titre que les catholiques, enfants de l'Eglise par le baptême et volontairement soumis à la juridiction épiscopale par la foi, du moins au titre général d'*enfants de Dieu* ou, comme parle l'Evangile, *de créatures*, obligées de rechercher la vérité, de même que l'évêque est obligé de la prêcher.

La politique, si bien définie par l'Empereur dans un mot profond « Gouverner, c'est prévoir, » celle qui aime à déposer dans les institutions du présent le ger-

me fécond de l'avenir, est ici d'accord avec la religion.
Le roi Louis-Philippe disait à ce sujet : « Il faut beaucoup de ménagement pour travailler à la conversion des Arabes ; à se précipiter on gâterait tout ; mais, en définitive, ils ne seront français, que quand ils seront chrétiens. »

Veut-on conclure de là qu'il faut créer les deux évêchés pour travailler immédiatement, publiquement et même avec éclat à la conversion des Indigènes ? Ce serait une pensée folle et indigne d'un évêque qui, depuis seize ans, vit au milieu des impossibilités actuelles d'une pareille tâche. On veut arriver uniquement à cette conclusion, que, pour être juste chrétiennement et même politiquement, il convient d'établir comme il suit la statistique des trois provinces du diocèse d'Alger :

Province d'Alger : 1,031,719
Province d'Oran : 690,387
Province de Constantine : 1,360,294

A ce point de vue d'ensemble, si l'Empereur et son Gouvernement l'acceptaient, loin d'être un obstacle à la création des deux nouveaux sièges, le chiffre de la population de l'Algérie en serait un motif irrésistible ; car les trois évêchés figureraient au rang des plus considérables de la France et même de l'univers, au moins ceux d'Alger et de Constantine.

On peut contester, on l'a fait et on le fera peut-être encore, cette manière de grouper les chiffres à l'appui d'un projet ; mais on ose penser qu'elle est la seule vraie et la seule digne d'un grand pays catholique.

Cependant, on doit prévoir le cas où le Gouvernement croirait ne pouvoir envisager dans cette question que le chiffre de l'armée et des Européens ; alors il faudrait réduire le nombre de la population de chacune des trois provinces, comme il suit :

Province d'Alger, européens et soldats : 101,658
Province d'Oran,   id.   80,954
Province de Constantine,   id.   64,811

Aucun de ces chiffres, on en convient, n'atteint le minimum de population des diocèses de France : le plus petit, celui de Gap, ayant 125,100 habitants. Mais l'Algérie, pays neuf, peut-elle et doit-elle être traitée, sous ce rapport, comme la France où la religion repose sur des traditions séculaires ; où il suffit de conserver et de soutenir les institutions mûries par l'expérience et le succès ; où le clergé de chaque diocèse est homogène et comme le fruit spontané du sol sur lequel il vit, travaille et meurt, sans aspiration vers d'autres climats ; où la surveillance est rendue si facile par la rapidité des communications ; où les masses populaires, sauf quelques exceptions dans le Midi, sont unies par la même foi et par le même respect pour l'Église ; où les besoins religieux sont presque aussi connus du Gouvernement que des évêques eux-mêmes ?

L'Etat n'a jamais partagé cette idée rigoureuse d'assimilation, en ce qui concerne l'Algérie et nos colonies de l'Atlantique.

Lorsque, en 1838, on érigea l'évêché d'Alger, la Colonie ne comptait que 29,000 européens, non encore fixés au sol et toujours prêts à repartir, au premier signal de détresse, plus l'armée dont le chiffre variait suivant les besoins de la défense ou de l'attaque.

En 1850, lorsque l'Empereur procura si heureusement l'érection des évêchés de Saint-Pierre et Fort-de-France, de Saint-Denis et de la Basse-Terre, appliqua-t-il à ces créations les calculs usités pour l'intérieur de la France? Non. Il savait que, de ces trois îles, aucune ne dépassait en population européenne le nombre de 40,000 habitants, que la Basse-Terre même n'en avait que 32,000 et que tout le reste de la population, qui ne va nulle part au-delà de 60,000 âmes, était composée d'esclaves, pour la plupart infidèles. Comparez ces chiffres avec ceux des provinces d'Oran et de Constantine!

Il est vrai qu'on peut alléguer en faveur des colonies de l'Atlantique une très-grave raison, celle de leur distance considérable de la France; mais l'Algérie en est-elle donc si rapprochée! n'a-t-elle pas déjà une tout autre importance en elle-même? et, par rapport à l'Empire, notre avenir ne promet-il pas d'en faire un jour la reine des colonies, et l'assiette d'un *royaume à fonder*, comme l'a dit si nettement l'Empereur lui-même?

Si le Gouvernement ne tint pas compte, en 1838 et en 1850, du petit nombre de ceux qui habitaient alors l'Algérie, la Réunion et les Antilles, c'est qu'aux yeux de la vraie politique, l'exception raisonnée confirme la règle, et qu'elle prépare soigneusement l'avenir dans le présent.

Que fait-on autre chose, en Algérie, depuis le commencement de la conquête, et surtout depuis qu'à l'ombre de notre épée toujours victorieuse, les travaux de la paix ont succédé aux préoccupations de la guerre?

Or un principe religieux serait-il moins fécond qu'une institution de tout autre genre? Sans nous élever à des considérations de principe et d'histoire qui exigeraient de trop larges développements, nous aimons mieux répondre à cette question par des faits péremptoires.

Cinq paroisses seulement existaient à l'époque de la création de l'évêché d'Alger; il y en aura demain 171. Nous avons vu de nos yeux des familles nombreuses abandonner l'Algérie, parce que, en l'absence d'églises et de prêtres, elles ne pouvaient élever chrétiennement leurs enfants; et partout où une paroisse a été créée, la population s'est maintenue et, généralement, elle s'est accrue. Malgré l'état d'essai dans lequel on a dû constituer une foule de villages, aucun de ceux-là, sauf, deux villages industriels où l'exploitation par des Compagnies s'est ralentie, aucun n'a été abandonné. Le mouvement progressif de la population ne peut donc que gagner à des institutions qui, destinées en principe à moraliser l'Algérie, portent en elles-mêmes une vitalité expansive, et qui témoigneront, en outre, du ferme vouloir de la conserver à tout jamais et de la développer successivement jusqu'aux dernières limites du progrès.

Il ne sera pas inutile peut-être de consigner ici deux observations statistiques : la première concernant les chefs-lieux des futurs évêchés, la seconde relative au clergé et aux institutions religieuses de chaque province.

En Algérie, du moins, nous l'avons remarqué plus d'une fois, on se laisse trop communément dominer dans l'étude de la question actuelle, par l'importance de la population des grandes villes de France, comme chefs-lieux d'archevêchés et d'évêchés, et l'on oublie qu'un assez grand nombre de ces villes ont une population inférieure à celle d'Alger, d'Oran et de Constantine.

D'après le dernier recensement, la commune d'Alger, sans parler de l'armée, qu'il ne faut pas négliger pourtant, comprend 54,319 habitants, dont 37,722 européens ;

Celle d'Oran 26,474 habitants, dont 24,016 européens.

Celle de Constantine, 36,890 habitants, dont 8,300 européens ; et personne ne doute de l'extension prochaine de ces trois villes, lorsque seront levés certains obstacles.

Or, en France, voici le chiffre de la population de quelques villes archiépiscopales, dont rien ne peut faire soupçonner la progression, même dans un avenir lointain : Cambray a 17,000 ames ; Chambéry 13,000 ; Auch 10,000 ; Alby et Sens 9,000, nombre fort inférieur à celui d'Alger.

Il en est de même de plusieurs villes épiscopales. Digne et Pamiers n'ont guère plus de 6,000 âmes ; Saint-Flour, Saint-Claude, Mende, Annecy n'atteignent pas 6,000 ; Séez a 5,000 âmes ; Fréjus et Viviers 3,000, Saint-Jean de Maurienne 2,700 ; et enfin Moutiers, 1,900. Il ne saurait donc y avoir la moindre objection sous ce rapport.

Le nombre des prêtres, d'après le tableau publié annuellement par ordre de Monseigneur Pavy, donne les proportions suivantes :

Province d'Alger, y compris l'Évêque et ses Grands-Vicaires. 161

Celle d'Oran, en y comprenant également l'Évêque futur et ses Grands-Vicaires, en aurait, dès le début. 77

Et celle de Constantine, dans les mêmes conditions. 73

C'est là, comme on le voit, un noyau très-suffisant pour le début.

Les maisons de retraite, les orphelinats, les hôpitaux, les refuges, les écoles libres ou communales et les établissements de garde ou secours à domicile tenus par diverses congrégations, donnent le personnel religieux suivant.

Province d'Alger. . . .	religieux	202
	religieuses	304
Province d'Oran. . . .	religieux	70
	religieuses	225
Province de Constantine.	religieux	26
	religieuses	234

On voit que, sans parler des enfants et des malades, objets de cette pieuse direction, il y a là de quoi suffire à la sollicitude et à l'alimentation du zèle épiscopal, qui certainement développera davantage encore, par son influence, des institutions si précieuses partout, et dans notre Colonie plus qu'ailleurs.

Nous avons traité longuement cette question de la population, parce qu'elle est véritablement la seule objection un peu sérieuse qu'on allègue contre le projet de création des deux évêchés, et nous croyons l'avoir résolue avec autant de clarté que de bonne foi.

Nous passons maintenant à l'examen de la dépense, qui offre plutôt une difficulté qu'une objection; difficulté grossie par l'imagination, et, par là même, plus apparente que réelle.

IV
Dépense
pour l'érection
des évêchés
d'Oran
et de Constantine.

S'il s'agissait d'ériger immédiatement les deux évêchés avec les institutions et les annexes qui font ressortir leurs prérogatives, c'est-à-dire avec des chapitres complets, des séminaires grands et petits, avec une cathédrale et un palais épiscopal, on pourrait hésiter, malgré la générosité habituelle du Gouvernement et de la France, à présenter aujourd'hui ce projet de création. Mais, il n'en est pas ainsi.

L'église de N.-D. des Sept Douleurs, à Constantine, une fois ses réparations, déjà fort avancées, achevées, sera une cathédrale très-suffisante. En attendant que l'église de Saint-André d'Oran, nécessité de premier ordre pour cette paroisse, soit construite, et l'on profiterait de cette occasion pour en construire une plus monumentale, l'église de Saint-Louis est assez convenable pour y placer, sans dépense, une Chaire épiscopale.

Les Séminaires d'Alger continueraient à fournir des Prêtres aux deux autres provinces, sauf à y renvoyer plus spécialement ceux qui en seraient sortis, pour venir faire leurs études dans la métropole algérienne.

Les frais de culte, accordés actuellement aux deux églises paroissiales, destinées à devenir cathédrales, devraient être augmentés, pour chacune, de 2,000 fr. augmentation à porter au Budget, soit de la commune, soit de l'État, ci . . . .   4,000 fr.

L'indemnité de logement (1,500 fr.), accordée au Vicaire-Général de Constantine et au Chanoine faisant fonctions de Vicaire-Général à Oran, devrait être doublée pour chacun des deux évêques, et cette modeste somme leur permettrait d'attendre l'avenir sans préjudice pour leur dignité; car, la location du palais épiscopal d'Alger n'est estimée qu'à 2,200 fr.

A reporter. . .   4,000 fr.

Report. . . . 4,000 fr.
Pour les deux évêques, augmentation, ci. . 3,000 fr.

Le traitement de chacun des deux évêques, porté à 15,000 fr., exigerait un chiffre de 30,000 fr. pour les deux; mais, l'indemnité de 1,200 fr. accordée à chacun des deux Chanoines faisant fonctions de Vicaire-Général, disparaissant par le fait de la création des évêchés, il y aurait une réduction de 2,400 fr. L'augmentation pour le traitement des deux évêques ne serait donc, en réalité, que de 27,600 fr., ci. . . . . 27,600 fr.

En ce qui concerne les Vicaires-Généraux, le Chapitre, le Secrétariat de l'évêché, on pourrait copier, si l'on redoute une dépense trop élevée, ce qui a été fait, en 1838, pour le siége d'Alger, c'est-à-dire, nommer, en commençant, trois Chanoines, dont les deux premiers feraient fonctions de Vicaires-Généraux, et le troisième de Secrétaire-Général de l'évêché. On leur attribuerait le traitement des Chanoines d'Alger, 2,400 fr., ci. . 14,400 fr.

Total. . . . . . 49,000 fr.

Les Conseils Généraux d'Oran et de Constantine, à l'imitation de celui d'Alger, en ce qui concerne les Chanoines, n'hésiteraient pas, sans doute, à donner aux deux Vicaires-Généraux une indemnité de logement; le troisième, résidant à l'évêché, n'en aurait pas besoin.

Là se bornerait, dans le présent, toute la dépense rigoureusement nécessaire pour la constitution des deux nouveaux évêchés. L'avenir se chargerait de développer, suivant les besoins, cette modeste situation, comme il l'a développée pour Alger : l'État resterait juge de l'opportunité.

Évidemment, on le comprendra sans peine, nous n'avons pas la prétention de mettre des limites à la générosité de l'Etat ; nos chiffres n'ont donc rien d'irrévocable. En les réduisant à ce que nous croyons devoir être ici le minimum, nous avons voulu montrer seulement que la création des deux évêchés n'emporterait pas nécessairement avec elle un surcroît énorme de dépenses pour l'État. Encore, aurions-nous pu faire entrer en ligne de compte le bénéfice qui en résulterait pour les villes d'Oran et de Constantine ; mais, la question nous semble placée fort au-dessus de pareils détails.

Peut-être voudrait-on ériger en archevêché l'évêché d'Alger. Cette pensée est dans l'esprit de tout le monde et conviendrait, sans nul doute, à la marche des affaires aussi bien qu'à la dignité de la Colonie, qui ne relève par aucun lien d'une autorité locale de France, tandis que, au point de vue ecclésiastique, l'évêché actuel d'Alger relève de l'archevêché d'Aix. Il le faut tant qu'il est seul ; cela serait-il convenable lorsqu'il y aurait deux autres évêques en Algérie ? Non, sans doute. L'Algérie peut former une province ecclésiastique avec d'autant plus de raison qu'elle forme un territoire unique, indépendant et qu'elle a nécessairement, à côté de la discipline générale de l'Église, sa discipline locale. La dépense, dans ce cas, s'accroîtrait-elle de beaucoup ? Non, car Mgr l'Évêque actuel ne réclamant, nous le savons, aucune augmentation de traitement, il suffirait de lui donner, suivant le Droit, un troisième Vicaire-Général à 3,600 fr. lesquels ajoutés aux 49,000 formeraient, pour la constitution des deux évêchés d'Oran et de Constantine et l'érection de l'évêché d'Alger en archevêché, une somme annuelle de 52,600 fr., ci. .   52,600

Si l'on compare, avec la proportion raisonnable, cette modique dépense à celles que comportent justement d'autres grands services de la Colonie, on a lieu de penser qu'une fois saisi régulièrement de la proposition, l'État ne reculerait pas devant l'idée de l'adopter; et nous ne doutons pas que notre illustre Gouverneur-Général ne voulût, soit en prenant l'initiative, soit en appuyant celle de Mgr Pavy, rattacher à la gloire de son nom ce fleuron d'un caractère plus doux, mais non moins fécond que celui des batailles.

Nous avons entendu parler de deux autres combinaisons ayant pour but d'alléger la tâche de Mgr l'évêque d'Alger, que tout le monde s'accorde à regarder comme trop onéreuse désormais pour les forces d'un seul homme, et comme ne répondant plus au principe de la distinction des provinces.

On a parlé d'un coadjuteur. Mais d'abord l'évêque seul est libre de le demander; ni l'État, ni le Saint-Siége ne l'imposent jamais (1). Or nous croyons être certain qu'aucune demande de ce genre n'a été faite par Mgr Pavy qui, s'il n'eût consulté que ses affections personnelles, en eût trouvé naturellement la pensée dans son cœur. Un Coadjuteur est inutile à Alger où l'activité

(1) Lorsque, dans un intérêt politique, on crut devoir interdire au cardinal Fesch l'administration du diocèse de Lyon, ce ne fut pas un coadjuteur, mais un simple administrateur apostolique, sans aucun droit à lui succéder, qui fut nommé, pour gouverner son Eglise, au nom du Pape. On sait que Mgr de Pins, archevêque d'Amasie *in partibus* dut se retirer, à la mort du cardinal, pour faire place à Mgr de Bonald, nommé archevêque de Lyon et depuis cardinal lui-même.

bien connue de notre digne évêque suffit à tout, et sa résidence forcée dans le chef-lieu d'une province aurait eu pour résultat nécessaire de diminuer et de blesser l'autre.

Il avait été question, il y a cinq ans d'établir à Constantine et a Oran des évêques auxiliaires, Grands-Vicaires par rapport à Mgr l'évêque d'Alger, évêques par rapport aux deux provinces, chargés des confirmations et des tournées pastorales, mais d'ailleurs sans autorité immédiate. Cette institution avait eu ses représentants dans l'Église gallicane, avant la Révolution. On l'avait vue se reproduire à Paris sous Mgr Sibour, dans la personne de son parent Mgr Sibour, évêque de Tripoli; à Marseille dans la personne de Mgr Jancard; et, aujourd'hui même, elle existe en Corse, dans la personne de Mgr Sarabayrouse. — La dépense totale n'aurait pas dépassé annuellement 30,000 fr.

Mais le temps a marché depuis cinq ans, de nombreuses paroisses se sont élevées à toutes les extrémités du sol algérien, et les vives instances de certaines populations rurales appellent, chaque année, des créations nouvelles. Le Clergé et les institutions religieuses se sont accrus dans la même proportion. Les provinces sont définitivement constituées dans leur unité administrative et financière, sous le contrôle et la direction du Gouvernement-Général. Ce n'est donc plus le moment de prendre des demi-mesures, essentiellement transitoires, comme celle de la nomination d'évêques auxiliaires, simples délégués, manquant, par le caractère même de leur institution, d'autorité et d'initiative.

La dépense afférente à la création des deux Évêchés n'est, d'ailleurs, pour le présent, que de 22,600 fr.

supérieure à celle qu'emporterait la nomination précaire et toute personnelle des évêques auxiliaires.

L'Empereur, qui a le génie des grandes choses, voudra faire celle-là pour la Religion, pour le progrès si désirable de la foi, des mœurs, de la discipline ecclésiastique et de la vraie civilisation en Algérie. Il en sera béni par les deux provinces d'Oran et de Constantine, par notre belle Colonie, par l'Épiscopat Français, par la France, par l'Europe Catholique, par le Saint-Père et par Dieu même.

Après avoir lu ces notes, on pourra se demander qui nous sommes, en vertu de quel droit et au nom de qui nous parlons de la sorte.

Notre réponse est facile, et elle ne se fera pas attendre. Nous sommes la voix de celui qui crie : « Repeuplez le « désert inhabité depuis des siècles, redressez les ruines « anciennes, renouvelez la gloire de vos cités, remplacez « par une couronne la cendre qui les couvre, au lieu du « vêtement de deuil, donnez-leur un manteau de joie, ap- » pelez-y les Forts de la justice, et faites, au milieu » d'elles, une plantation qui glorifie le Seigneur! (1) »

Nous sommes l'écho du passé d'Augustin, qui se ranime, l'expression d'un présent, qui après avoir secoué les langes de son berceau, veut vivre dans la plénitude de sa foi, et comme le tressaillement d'un avenir plein de riches et saintes promesses.

Nous sommes, en un mot,

L'ALGÉRIE CATHOLIQUE.

Alger, le 25 mars 1862.

(1) Is. 61, 3, 4.

Alger. — Typ. BASTIDE.